오병섭 시집

중력 가속도 g

프롤로그

- 포스트모더니즘적 현대시 임팩트-

가을 오후, 느릿느릿 움직이는 열차는 대천 바다를 향해 달려가고 있다. 김경린 선생님 댁에서 따던 홍시의 맛이 문득 떠오른다. 이곳은 포스트모더니즘 시의 실험적 창작활동이 시작된 장소다. 지난 시집을 발간한 이후 7년이 흘렀고, 올해를 넘기기 전에 흩어진 시들을 '중력가속도 g'라는 제목으로 묶기로 마음이 이끌린다.

포스트모더니즘적 현대시를 추구하고자 과거의 서정시를 지양하고, 경험과 과학기술의 변화를 기반으로 일관성있게 기계시 때로는 과학 기술에 관한 실험적 창작활동 중이다.
 인간과 기계, 과학 기술과 인공지능의 복잡한 상호작용 속에서 나는 삶의 방향을 찾기 위해 파도 앞에 다가서기도 한다. 사람과 기계의 연결 고리 속에서 나는 주도적인 역할을 맡고 있는지, 아니면 수동적인 존재로 남아 있는지 자문도 한다.

'바다로 되돌아가는 열차'는 인공지능의 발달이 우리 삶에 가져오는 불확실성으로 다가올 미래에 대한 심리적 갈등의 두려움도 있다.

엘리베이터와 에스컬레이터는 우리의 일상생활이지만, 수직의 공간으로 이동할 때는 낯설게 맞서기도 시도한다. 이 과정에서 느껴지는 의존감이 존재의 본질을 일깨워줄 수 있을까 자문도 한다

우리는 과학과 기술의 발전을 통해 편리함을 누리지만, 동시에 점차 자신이 주체성을 잃어가는 모습을 발견하기도 한다. 이는 포스트모더니즘적 관점에서 감정과 주체성의 소외를 이야기하기도 한다.

여기 제시한 포스트모더니즘적 현대시는 엔트로피의 증가에 따라 변화무쌍한 인간 심리와 기술 간의 상관관계를 조명할 것이다. 이 시들은 기술의 진보가 가져올 불확실성과 미래의 복잡성에 대한 탐구하는 실험적 공감을 이끌어내는 역할이다.

'중력가속도 g'는 기술 발전이 우리의 삶에 어떤 의미를 가지는지를 되묻고, 그 속에서 여전히 인간으로서의 존재를 어떻게 지속할 수 있을지를 고민하게 만든다.

과학 기술과 인간 존재의 복잡한 관계를 탐구하며, 미래에 대한 불안과 희망을 함께 공감할 수 있는 계기가 되기를 기대한다.

2024년 익어가는 가을 속에서
오병섭

프롤로그 … 2

목차

제1부
중력가속도 g

출구는 없다 … 10
별내골 소나타 … 12
중력가속도 g … 14
그래도 … 15
젼과 비해피 … 16
그게 청복 … 18
언플러그 … 19
직선과 곡선 … 20
수동태와 능동태 사회 … 22
그 소리, 자넨 들어 보았는가 … 24
뒷배와 진화 … 25
가상 기상도 … 26
그냥 쉰다-청춘일기24 … 27
사비성에 두고 온 하루 … 28
고란초와 사비루 … 29
장마끝 처마에 심지를 태우며 … 30
굽은 다리 … 32
삶은 파이 … 33

제2부
AI창세기

거시기 별곡 … 36
심해로 돌아가는 열차 … 38
조금 후 사리 … 39
AI 창세기 … 40
성숙의 뜨락 … 42
와! 하늘공원 … 44
그땐 그랬다지요 −중추가절 … 45
무의 낙조 … 46
돌발 위성 … 47
자줏빛 꿈 … 48
청 복 … 49
내가 나에게 보낸 몇 줄 편지 … 50
옥정호 … 52
바다의 촉 … 54
할미꽃도 좋다 … 56
껍데기만 읽었습니다 … 58
번호표 하나뿐 … 60
포 유 For You … 61
나도 반칙 좀 하자 … 62

3부
삶의 혈류

삶의 혈류 … 66
생존 아라리 … 67
Burned Out Syndrome 탈진 증후군 밀당하기 … 68
그날도 폭염이었지 – 8.18 판문점 도끼사건 … 70
긴 생각 짧은 하루 … 71
항로에서 티키타카 … 72
그 3분 이야기 … 74
오래 기억해 준다는 것 … 76
여분의 생 – 낙타는 일생 사막을 걷는다 … 78
에스컬레이터 위에서 … 80
오수개 천 년을 호흡하며 … 82
두 번은 울어야 한다 … 85
소통할 순 있는가 … 86
까발림의 미학 … 88
가을의 혈맥 … 89
작용과 반작용의 법칙 – 파도와 쩐 … 90
청복 2 … 92
이른 봄날 … 93

제4부
낙장불입

생각의 원심력 … 96
참깨를 털며 … 97
탱자가시 … 98
말짱하다 … 99
나팔부는 능소화 … 100
낙장불입 … 102
비가 와야 폭포 … 103
초록세상 유월 … 104
하늘거리는 천 … 105
지금은 노크 중 … 106
구절초 연가 2 … 108
피로사회 … 109
낙타 여로 … 110
야명조 … 112
이 또한 지나가리라 … 114
한 박자 빠르게 또 한 박자 느리게 … 115
굽은 못 … 116
엘리베이터 … 117

제5부
자본주의 패러독스

필립芝뇣 - 85세에 이를 때까지 … 120
두더지 게임 … 121
자본주의 패러독스 … 122
타워크레인 위에서 … 124
C19 … 125
홍해 길 … 126
화사의 춤 … 127
만만 세세 고군산 열도여 … 128
가을 바라기 … 129
울 엄니 … 130
나 job아라 … 131
굿데이 맞죠 … 132
흠뻑 젖고 싶다 … 133
삶의 모퉁이에서 … 134
채석강 그 외마디 … 135
천년의 여백 … 136
쉼표, 거기에 멈춘 하루 … 137
로드맵 윗길 … 138
폭설 … 139
땡처리 … 140
물 만났다 … 141

제1부
중력가속도 g

출구는 없다
- 꿈을 끄지 말라

잠시 연극 Duo에 젖는다
나이를 익혀 가면서
변화를 체험하는 메시지다

경직된 생각의 틀에서
유연함을 찾으려고
타인과 비교한다

그들의 이야기가
우리네 행태, 내 지금을 바라본다

공감하기도
쑥스럽기도 하며
마음 끝에
머물러 주었다

몸부림치는 현실은
여지껏
출구 앞에서 헤매고 있으니
어차피

겪어야 할 숙명 아닐까

아직도
원하는 출구는 없다

그래도
위안의 메시지 한 마디
'꿈을 *끄*지 마라'

별내골 소나타

빗줄기는
지반 위를 노크한다

음정 박자 리듬까지
엇박자로
땅 뚜껑을 두드리며

산하는 온통 들꽃 세상
세상은 공정과 조화를 꿈꾸는 곳이라고
위선을 부리지만

푸르름을
새겨두고 싶은
기억 주머니를 털어버린 채
그들과 빛. 빛. 빗줄기 셈하고 싶다

빗
줄
기

수
직

으
로

서
있
는
별내골에 갇힌 오후

중력가속도 g

고압선 철탑이
폭염에
늘
어
진
전선을 물고 서있다

내 삶의
중
력
가
속
도

무
게
만큼이나

그래도

그 섬에 얹고 싶다
욕지도
가거도

H 시절
그분 말씀이
벽마다 붙어있어

'담담한 마음을 가집시다'

담담하게 선 채로
심지 끝에 맺혀 숨쉬는 빙점
그 섬
그래도

쩐과 비해피

돈
돈 워리
비 해피

Don't worry
Be happy

심지 끝에 머무는 두 마리의 개
워리와 해피

오늘도
워리 걱정하지 마시게
자넨
반드시
해피
행복할 걸세

폭우에는
뚝방 조심하시고
폭염에는
그늘에 쉬는 게 특효라네

돈
돈 워리
비 해피

Don't worry
Be happy

그게 청복

개꽃 산발하여
기쁨 넘쳐 흐르는 봄날

만산에
몸뚱이 맡기고
마음 보따리 몽땅 던져

청복 한 바작을 건져 올리는 거라

언플러그

― Uncertainty. Unplug. Understanding. Unless―

잠재적인 불확실성은

사느냐
죽느냐
그게 문제로다

그런데
긴급 메시지 지령
당장 Unplug를 뽑아라

거기
네 일에서 Un을 제하며
그냥 있으라
매어있는
플러그 코드를 모두 지워라

그게
네 휴식처 방점.

직선과 곡선

세상 모든 길은
어느 길이든지 이어져 있다
직선의 길이든 곡선의 길이든

곧은 길 유혹에
더 빨리 좀 더 쉽게
때론
느린 길이었기에 답답해하면서
질러 가고 싶어 했었지

모든 길이 직선이었다면
걸어온 그 길이
제대로 온전했을까

간간이 굽은 길도 있기에
백미러에 보이는
그 길이 좀 넓게 펼쳐 보였을 게다

나에게 '말 주머니'라는 별칭을
남겨 주고서

그는 며칠 전,

재 넘어 다른 세상에 푸른 꿈을 심었다
내 심지에서 숨어 살 뿐

나 오늘 서 있는
이 길은
직선의 노상일까
곡선의 가각일까

수동태와 능동태 사회

은어떼 은빛 때깔

우리는 그곳을 '바다실'이라고 불렀습니다
마치 바다인 양 착각하며, 여름 내내 놀이터 삼아
피라미를 좇으며 더위마저 잊곤 했죠

삼계석문 섬진강 모래밭에서 은어와 피리를 몰며
뙤약볕 아래 여름을 보냈습니다 모래밭에서
즐거움을 찾던 그 시절이 그립습니다

대나무로 만든 회초리 몇 개만 있으면
온종일 기쁨이 가득했죠

지금은 핸드폰 하나만 손에 쥐어도
세상 모든 일을 꿰뚫어 볼 수 있습니다

많은 일을 기계에 맡기고 놀면서
핸드폰 하나로 욕망을 실현할 수 있는 오늘날

나는 무엇을 해야 행복할까요
빈둥거리며 무의미하게 시간을 보내는 속에서
왜 나는 수동적인 인간을 좋아할까요

능동적인 인간이기를 거부하고,
진정 바라는 것은 무엇 때문일까요

기계와 인공지능(AI)이 시키는 대로 따르며
종속된 편리성만을 좇는 것이 과연 맞는 일일까요

오늘도,
이 순간에도 선택은 자유입니다

그 소리, 자넨 들어 보았는가

그전에는
엄니의 공부하라는 잔소리를

그 후에는
내자가 입심으로 내던지는 잡소리를

오늘은
옆좌석 그 어르신 휴대폰 틈새로 튀어나오는
중국 여자 낄낄거리는 파쇄음을

그 소리를

자넨
들어보았는가

뒷배와 진화

뒷배, 정말 중요하죠
누가
나를 지지해 줄거나

사랑한다
너는 그것을 잘했지
너는 꼭 해낼 거야
그럼 그럼
그래그래

뒷배가 있는가
세상 살아가기
운7 기3
누군가 귀뜸해 주었지

오늘도
사격 경기 5밀리 틈새로 우승했지
10 텐 텐
5밀리의 차이

가상 기상도

1
그날
일본 동쪽 바닷속에선
불덩이가 살아서 꿈틀거리고
그 바다 상공에선
태풍이
휘감으며 뒤집혔더라

그 후
Uncertainty
아무 일도 일어나지 않았더라

2
광복 그날
이 나라 땅에는 빛을 발하라
다시 찬란한 빛이 솟았더라

빛을 잡아라
그에게 주어진 사명이었다

그냥 쉰다
– 청춘일기24

막연히 쉬런다
일하기를 단념하며

찾기도 힘들어
원하는 일자리도 없으니

그냥 쉰다
이것저것 모두 내려두려니
더욱
상용직 일자리에는 갈 수 없으니

그냥 쉬자
그냥 쉰다

사비성에 두고 온 하루

사비산성을 살피며
낙화암 오르니
오월의 신록은 싱그럽다

6세기로 거슬러 그 이야기에 닿으니
솔바람결마저 차웁다

고란사 산사 엣지에서
내뿜는 종소리
그 울림의 여운은
홀로그램인 듯
긴 백마의 시간과 공간을 버무려 준다
두고 온 하루가 아리다

백마는 질주하고
오늘도 유유히 흐르나니
흐르나니

고란초와 사비루

봄비에 맺힌 고란초
흘러내리는 물방울
일천오백 년 틈새로 달리는 백마의 발굽 소리
솔바람에 서린
그 음성도 멀리 떠난 듯

나당이 누르던 시간과 공간의 밀도는
온 곳도 간 곳도 없어라
그 흔적을 추적하려니
아는 이
아무도 없더라

일천오백여 년 여백 위에
사비루 (사비의 눈물)
심지를 돋운다

서비, 사비의 눈물

장마 끝 처마에 심지를 태우며

그대여
오늘도
심지를 태우시렵니까

불타는 열온에도
견딜 수만 있다면

거리엔 시그널을 뿜으며
지하철 하류에서
대천 앞바다 파도 속 기포 알갱이도 굴러
생명의 무게를 더하여 더한다

땀방울은 이마 위를 이어 구르고
틈새마다 비집으면서
풋사과 내음을 발하지만

그래도
밉지 않는 7월의 시간 조각들
그대여
가슴 앓이를 참고 버티시렵니까

사랑 몇 알
굴러가는 바다열차

파도와 7월은
번갈아
헹구며 구르는 시간 열차

굽은 다리

굽은 다리 건너
굽이굽이
삶의 여로에서 마주친 그 길

곧은 바람결에 밀려온
모래알
구르며 돌아가는
사막 열차

우리
여기가 어디쯤일까
장에 가신 엄니 언제 오시려나
기다리던
그 시간

삶은 파이

파이 π = 3.14159...
저항 앞에 내던지는 설력이다
슬픔도
기쁨도
고통마저도
행복까지도
모두 그 반경 내의 총합일 뿐

삶은
파이 속에서 펼쳐지는
끝없는 산문이다

파이는
자전을 멈추지 않는 한
쓴 뿌리 말복마저도 영원하리

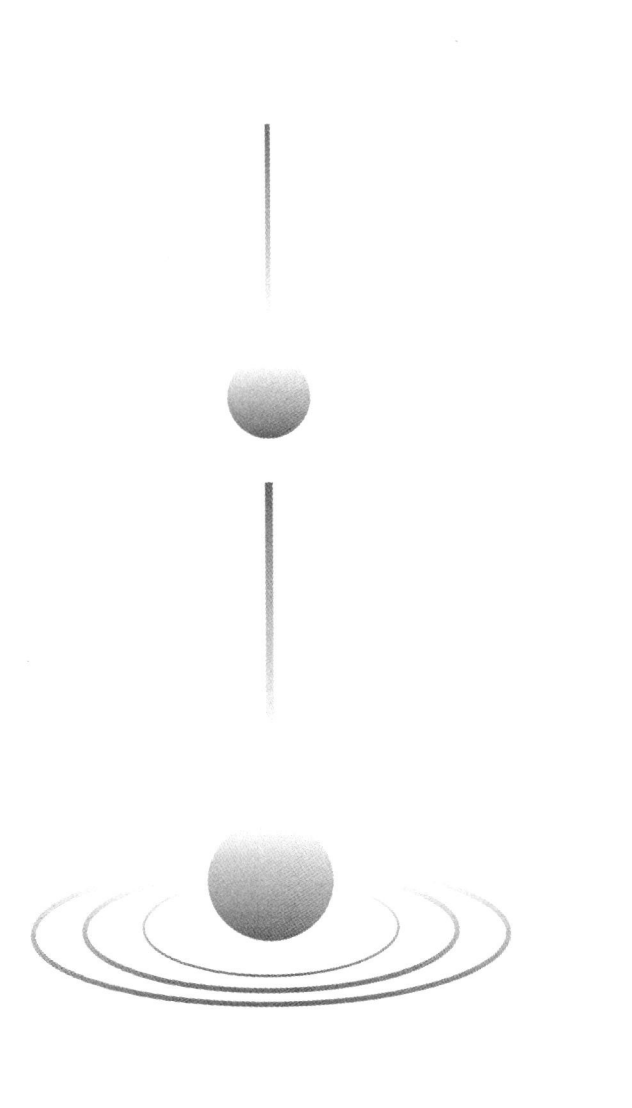

2부
AI창세기

거시기 별곡

거시기는 누구도 알지 못한다
귀신도, 물리학도
내 마음 깊이 긁는 그 무엇도
아무도
결코 알지 못한다

거시기는 모두에게 추상화다
널뛰는 주식시장
휘발된 말의 향연
선거판의 빈 껍데기
속 빈 약속들 사이에 감춰진
거짓말

거시기는 나조차도 모른다
길을 잃고 헤매는 내 집처럼
숨겨둔 통장의 비밀번호처럼
나는 찾지 못하고 서성거린다

그 거시기는 이미 알고 있었다
선거판의 통계학이 짖어대듯

독거미의 덫에 걸린 채
몸부림치는 왕벌의 최후를
그는 이미 알고 있었다

20××년 그 봄날
창밖에서 확성기가 몸부림치지만
그 거시기는 여전히 아무도 모를 일이다

심해로 돌아가는 열차

바다가 시리다
바람 차웁다

파도여
힘들어서 지치며
거품 일구어 세워둔 채로

거기
마음 밭에서 메마른 몇 조각
선재도 소녀의 그 실화를
헹구고 헹구어서
설화처럼 남겨둔 채로

썰물 되어 밀치어 간다
회돌이를 치며
심해로 되돌아가는 시간 열차

담담하게
당당하게
꼼꼼하게
낙타 여로 살아가는 지혜

조금 후 사리

바다는
밀고 이끄는 대로 밀당 지역
조금 후 사리
밀고 당기는 힘의 논리다

암초 보일 때까지
할퀴어 버리는 습성
나 또한 보고만 있을 수 없어
힘껏
건너편으로 밀쳐본다

사리와 조금 사이를
지구와 달의 밀당이다

힘의 사람들
조금 후 사리
사리 후 조금
수평선 위에서 활춤이다

AI 창세기

태초에 길은 없었으니

빛이 있으라
빛이 있었고
창세기의 원류 따라
발자국이 찍히라
그 말씀에 길이 열렸느니라

길이 열리니
염려는 두려움을 낳았고
두려움은 또다시 발자국을 낳았도다

족적은 설렘을 낳았고
설렘은 청복을 출산하였노라

생각의 주머니는
마치 요술사처럼
하늘 창을 열어젖혔다가
다시 흐려지더니
곧장 소나기가 퍼부었도다

창공은 팝콘처럼
푸르게 뒤집혔도다

AI 창세는
혼돈을 지나며
진화를 거듭하였도다

인류는 '운칠기삼'이라
촌음의 시간 의탁하며 기다렸도다

거기에 이르는 세상은
직선으로 이어졌고
그 위엔 곡선도 있었느니라

성숙의 뜨락

가을은 성숙의 계절이다
겸손도
고개 숙일 줄 알고
높은 곳 볼 줄 알며

곧장
질주하지 않고
굽이쳐 흐를 줄도 아는 절기다

노각이 오이의 속내를 익히듯
가을은
영글어 간다

또한
그 시간 촌음
넉넉한 심지로
없어도 있는 것처럼
새침을 떼며 모른 체하는 계절이다

이 가을은

좋든지 나쁘든지
무엇이든
채워져 넉넉하나니

그래서
그냥 좋다

와! 하늘공원

바람길에 홀려서
등 굽은 저 들 능선을
맹꽁이 등에 업혀 등줄기 따라 기어오른다

다다른 이곳이 하늘이란다

햐
햐
연발 감탄사를 내뱉으며
눈자락 끝을 극지까지
활짝 열어 제킨다

이런
이런
WA! 이런

휘청거리는 갈대마냥
저들만의 에덴동산

여기에 또
다른 세상
하늘 공원 하늘하늘

그땐 그랬다지요
– 중추가절

우분투
열정을 다하는
서투름과 나눔 속에서
한 가족 되었던 우리

줄탁 이야기하며
건강을 먼저 이야기하는 지금
중추가절에 이르매

엄니 아버지
생각보다 일찍 먼저 떠나시고
그 자리 앉으니

보고파서 그리워서
그리우면 행복하세요

넉넉한 마음으로
그땐 그랬지
먼 기억을 따며
행복 스토리를 그려본다

무의 낙조

쌀쌀한
토요일 오후에 닿은 곳 무의

서해
바다 바람결이 밀고 당기며

쓸려 떠내려간 갯벌 흔적 위에
심지를 심는다

지극히
단순한 무의 행위
그 유혹에 이끌리어

낙조는

수
직
의

천국문을 열어주었다
메카니즘

돌발 위성

북쪽 난류와
푸른 하우스 뒤집힐 듯한
긴장 속에
그해 회색빛 이월 무렵

청문 인용 기각
낯선 언어가 세상 기류 속을 날고 있을 때

난데없이 쏘아 올린 위성
염병하네
염병하네

하나 더 쏘아 올리고 싶은

염병하네
지랄하네
지랄 염병

자줏빛 꿈

자줏빛 꿈을 보았다
뇌리 속은 아침을 외면하고
그를 찾아 거리를 걷고 있다

자유롭게 날아가 버린
그 자리에
제비꽃 한 포기 웅크린다

새봄
아지랑이 이글거릴 때
자줏빛 미소의 약속은 무엇일까

거리를 춤추고 있는
자줏빛 그 꿈은
심장을 향해 날아들고 있다

2023년 3월 그 봄날
서로 이으니
문우 조한금 님 상재 수필집
보랏빛 함성에 닿으며
한 줄을 찾는다
-내가 있어 우리가 있다-

청복

청년은
마른 목소리로 내일을 읊었지
푸른 하늘이여
넓은 벌판을 내려 봐주세요
간청했지만
여태껏 응답이 없어

청년은
예순 고갯길을 걷고 걷다가
성황당 돌무더기에 숨겨둔 비밀을 펴 보았소

그래 그것은 그때 바람이었지
애초 원했던 보물은 아니었어

색다른 길 낯선 길
걸어왔지만
자네 더 나은 보송보송한 길
그 길로 왔지 않나

그게 말없이 일러준 청복이라네
지금 이 기쁨 즐겁지 아니한가

내가 나에게 보낸 몇 줄 편지

토요일 오후
아내가 집을 나갔다

내심
혼자서 자유롭게
내 맘대로 홀가분할 시간이란다

그런데 천정에서
그놈의 가슴 앓이가
툭, 떨어진다

아쉬운 잡동사니들이
한꺼번에 밀려들더니
지난날 자기들이 내 편이었다고
말하지 않았던가
이제 와서 웬 딴지 소릴 지껄이는지

그저
내가 탐욕에 속아
시간에 홀려 그랬다고

털어버리네그려

아니었을 걸세
그 변명은
미련이 아니었을 텐데
글쎄, 그 세상 말일세

그래도
지독히 사랑했노라고
위로해 보려 해도 그건
그저 가슴 앓이뿐이었을 거라고 말하지

그래
꽃길은 무슨 꽃길인가
자네, 내 삶에 속아 넘어가
오늘도
태풍이 떠난 이 공간에서
홀로 내가 나에게 몰래 보낸
꽃 편지 몇 줄

옥정호

향수 발산한 임실땅 그곳엔
산꼭지 품은 호수가 있어요

붕어 생김새에
너도 나도
빈 가슴 품어 보고파서
빈 입술 만을 뻐끔뻐끔

마른 정읍 들녘도
갈증의 순창골도
물안개 벗겨진 새참에 이르면
엄니 젖줄에 보채는 아이처럼
졸라대기도 하지만

노을빛에 반짝이는 언어는
'쟁반 위에 구슬 구르듯이
마음을 내려두거라'
타이르는 설법뿐이어라

또
흐르거라

오래오래
세세 촌음
가슴 끝에 매달고
흐르거라

그대들이여!
그때 그 촉감 세우려거든
촌음 틈새로
지금 곧장 달려오시라

옥정
옥정호로

바다의 촉

소금은 어디서 오는가
젓갈을 고르는 소리
바다에서 전해진 음성

왜, 왜 이렇게
세상은 시끄럽고 복잡한가
불확실성 속에서
사재기의 소문이 떠도는데

암염 회사는 어디 있는가
신안 천일염 안면도 소금
죽염, 암염, 찾으면 찾을수록
사람들은 주식 사재기에 들떠
마치 전염병처럼 번진다

정말
정말로
바다는 촉을 잃어가고 있는가
생명을 잃고 비틀거리며
후쿠시마 오염수는

우리의 목줄을 타고
가슴속 깊이 스며드는가

터널 너머
그 오염수는
세상을 밝히는 빛이 될 수 있을까

그럼에도 불구하고
나는
우리는
우리의 삶과 공동체를
사랑해야 한다

할미꽃도 좋다

5월이 오면
세상은 꽃들의 천국이 된다
그러나 5월이 지나가면
더 아린 이유는
할미꽃이 여물기 때문이란다

할미는 왕손 중의 왕손
전주 이씨 효령 할아버지의 손
꽃 중의 꽃, 꼭대기에서 피었지

이른 아침 싸리문을 밀고 들어온
동냥아치와
두렁에 걸터앉아
조반을 나눴다고 하지

소문에도 아랑곳하지 않던
그 할미꽃
검붉은 꽃잎이 짙어서 더 좋다

할미의 마음으로

보들보들
솜털을 문지르니
촉감이 한결 부드럽다

세월이 무거워서
허리를 구부리니
세상도 만만해져서
그래서 좋다

할미꽃이 지는 5월
아린 이유는
너무도 싱그러웠기에
아무 말 하지 않기로 한다

껍데기만 읽었습니다

오늘은
고백 한 줄 드리겠습니다

배달부 초인종은
또 책이 왔다는 기별입니다

건더기만 건져 먹었던 미역국처럼
표지 껍데기만 훑는 책

그대가
보내준 그 책도 물론
그리 아니하겠습니까
하지만
태반은 위반이었지요

책임은 묻지 아니하시겠지만
솔직히 말씀드리자면
미안합니다

야명조마냥 반드시 집을 짓겠다는

그 고백도
허사일 뿐이죠

세상살이 읽어야 할 게
너무도 많겠지만
그대가 보내온 그 뜻도 덮어두었어요

지금 이 시간
덧문 같은 한 줄 양심고백입니다

껍데기만 읽었습니다

번호표 하나뿐

지구상에서
어디로 가려거든
번호표 하나면
모든 게 해결된다
하나뿐인 번호

불확실성을 외치지만
그들은 내 순번을 이미 알고 있지
감출 수도
숨길 수도 없는
벌거벗은 나의 모습

21세기, 그때 그 사람들은
'그리하겠습니다'
그리고
그리 그렇게 살았더라

그때의 이야기

포 유 For You

그대와 난
오직 하나뿐인 그 점을 추적하면서

지독하게 그대를 위한 엣지의 배설
포유

장미꽃 가시여
외줄기 찔림에서도 포유

내가
다시 피어나야 할 숙명이다

나도 반칙 좀 하자

해찰하지 말고
얼른 집에 오너라

그 말씀을
잘근잘근 씹어대고서도
아무렇지도 않다는 고집

어깃장 부리고파
해 질 무렵에야
집으로 돌아오곤 했지

엄니 아부지에게
이유 없는 반항이었을까

딴전을 부리거나 어깃장도
서슴지 않았으니

이젠
아비가 되고
할아범이 될 때에 이르니

그래도
여전히 반칙을 하고 싶다

생각이 빙점에 이른 건가
사랑이 숙성되거나
아픔이 성숙하지 않았거나

3부
삶의 혈류

삶의 혈류

열역학과 유체역학의 사명은
흐름과 순환이다
높은 곳에서 낮은 곳으로
큰 곳에서 작은 곳으로
위에서 아래로
낙하 속도로 급류를 즐긴다

우리 인체도 순환의 원리 따라 심장에서 혈류로
펌핑에서 산소를 품고서
장기로 떠난다

두뇌에는 더 많은 에너지가 이송하고,
혈류의 농도가 탁하거나 저항이 크면 고장을 치유한다

계곡의 기류 속에서 촌음을 흐르는
물줄기로 도시의 무게를 싣는다

삶 또한
시스템적 메커니즘의 법칙을 증명하는 프로세스다

생존 아라리

진달래꽃은 왜
추위에도 속살을 내미는가

벌꿀은
포식자 말벌이 나타나면 왜
왱왱거려
열받게 춤을 추는가

미국인은 왜
한국산 냉동 김밥을 좋아하고
그 맛에 미치는가

말벌의 날갯짓은 발열
김밥은 맛 아니겠어

그들은
제 생존을 위한 숙명 아닐까

Burned Out Syndrome 탈진 증후군 밀당하기

가을의 초입, 진입로에 서 있다
들녘의 벼이삭들이 제 색깔을 찾아가고
부드러운 바람결이 지나간다

조직의 뜨락에 대한 진단 속에서
위축된 그들의 감정을 일으켜 세우려 한다

여러 요인들이 얽혀 있다
사회적 미스매칭, 내부 조직의 불일치
이해당사자들의 무한한 요구사항
밖으로 표출할 수 없는 내면적 문제들

자신의 이야기를
터놓고 말할 수 있는 분위기는 필수적이다

소통 문화는
솔직한 문제를 제시할 수 있는 환경에서
허심탄회하게 털어내야 할 것이다

나는 시인이다
극한 상황을 경험했기에
그 속에서 대화 시를 짓는다

그들의 속내 이야기를 경청해야 하기 때문이다

모닥불이 모두 타버린 채로
희나리만 날리고 있는 모습을 유추해 본다

낙타처럼
그 사막에서의 발자욱을 떠올리며

모닥불과 낙타의 눈망울에 눈을 맞추어야 한다
탈진한 심신을 털고
생기를 일으켜 세우는
그 가을 하늘을 그린다

그날도 폭염이었지
- 8.18 판문점 도끼사건

기억의 건너편에서
미루나무 가지치기 작업 중
미군병사가 북조선 군인에게
도끼에 사망한 사건이 있었지

기억은 지평선 저편에서
전쟁 일촉즉발의 순간이 흐르던
그 상황
마음속 깊이에서
혼돈과 긴장감마저 마취되어버렸던 그때

제대를 몇 달 남겨둔
운명의 이끌림을
구차스럽게 반추하는 시간

머-얼-리
흘러간 그날
그날도 폭염이었지

긴 생각 짧은 하루

생각에 깊게 빠졌다
봄날 햇살이 짧은 만큼

금융시장은
개장부터 헉헉거린다
재래시장은
쫄아 있어 꼼작거릴 기미가 없다
경제, 정치 또한
깊은 갈등에 얽혀 있다

긴 생각에 침전한다
머리통이 땅하다

삶의 결핍 요소가 무엇인가
내 공동체들도
불확실성에서 벗겨질까

잡동사니들 몽땅
땡처리에는 짧은 하루다

항로에서 티키타카

기장 (화자 1)
항로를 제대로 이륙했지
항체는 가속도를 더하며
기류의 저항을 뚫고 있지

부기장 (화자 2)
말씀이 맞습니다, 하지만
정말 기류의 저항을 뚫어야 하는 걸까요
항로는 분명한가,
아니면 그저 풍속에 휘둘리는 것일 뿐인가

기장 (화자 1)
내 뜻이 네 가슴속에 일러졌거든,
모든 게 명확해질 거야
우리들의 심지를 서로를 조정해야 해
마치 티키타카마냥

부기장 (화자 2)
그런데 조정은 타협에 불과할 뿐인데요
풍압과 맞서라는 그대의 의도가
나에게 제대로 전해질 수 있단 말이죠
그 의도는 곧 메시지인 거죠

기장 (화자 1)
매뉴얼 말고 관행을 따른다면
팝콘이 터지듯,
새로운 통로를 열 수 있겠어

부기장 (화자 2)
관행 그게 무엇인가요
우릴 어디로 끌고 있죠
미지 속에서 밀고 당기는 우리는
올바른 주고받기

기장 (화자 1)
리스크 커뮤니케이션의
불통을 훨씬 넘어야 해
그렇지 않으면 우린 몰락할 테니,
붕괴의 꼭짓점에서 무너질 것이기 때문이란다

부기장 (화자 2)
몰락을 피할 수 있는 길이 따로 있을까
혹시 이미 우린
혼돈 속에서 항로를 잃은 것은 아닐는지

그 3분 이야기

    1 분
본인은
무슨 일을 어떻게 하면서 사는지

그래그래
수고했어
고마워

나도 공감하네
그냥 좋네
나도 그랬지

그냥 좋다
바다에 안기고 싶었지

    2분
그런데
그 말씀 동의하며
한 가지 덧문을 붙여보면
시간 사용법

타이밍이야 Timming

Timely 시의적절성에도

4주 8자가 아무리 좋다고 하더라도
활용할 것 해야 해
time. Timming

   3분
이젠
그를 믿고 까무러쳐야 해

오래 기억해 준다는 것

설익은 백야의 밤
6월 6일은
그의 결혼 일이었지
푸시킨의 생일도 그날이었다지
서로 맞닿은 날
또 망종 절기도 동행하며
모스크바 저녁 열차로
샹뜨 페테르부르크에 이르렀지

자작나무 숲을 하얗게 헤치며
달려왔을 뿐인데
모두들
백야의 밤이었다며

그 길로
푸시킨 공원에 이르렀을 때
몰려드는 연인들

푸시킨의 사랑 이야기에 취한
젊은 연인들 사이에서

진정한 사랑, 사랑의 갈증을

체험하다가도

사랑에 대한 목마름과
여백의 틈새로 흘러나오는 이야기

푸시킨 그의 나이 38세
사랑을 위해 권총에 맞아
목숨까지 잃은
시인으로 기록되어 있었다

사랑이었을까
객기였을까

그래도
그가 남겨두고 떠난 한 마디를
오래 기억해 준다는 것

– 모든 것은 순간에 지나가고
　지나간 것들은 늘 그리워지는 것–

여분의 생
– 낙타는 일생 사막을 걷는다

흐르는 물길을
거슬러 오를 수 없소
흐르면 흐른 대로
꽃이 피면 피운 그대로
봄볕에
철쭉꽃 진자리 아문 자리
아린 가슴
쓸어내리지 마소

담담하게
그게 순리로 알고 아물게

그냥 두소 그저
덧나지 않고 상처 입히지 마소

그게
살아가는
순리요
진리요
이치라고 하지들 않소

아서라
아서라
손톱만큼
그믐달 만큼
여분의 생
그렇게 낙타처럼
마냥 걷지 않겠소

에스컬레이터 위에서

1층
속이 타들어가는 출구 -

행복아 넌 무형이었지
사랑아 너 역시 감각이구나
이제야 너희 본질을 알겠어

목이 타들어간다 -

아침에 손끝 실수error로
'행복의 엘리베이터'
보낸 이 시가 순식간에
휘발되었지

미안해
사라진 행복의 메시지여

사랑과 행복이 맞물리면
때로는
아픔을 낳는다는 사실을
새삼 깨달았어

그래도
괜찮겠어
사랑은 본래
승화하는 법이라고 했어

2층
품어라 -

등대는
세상을 밝히는 빛의 조각들
희생을 알려주는 일
수컷 희, 수컷 생
수컷들의 등대지기로

2층에 오르려거든
에스컬레이터 위에서
품어라
가슴속 깊은
희생까지도
그 아린 마음까지도

오수개 천 년을 호흡하며

일천 년 전
오수개는 죽었다
죽지도 않았었다

불을 끄며 생명을 구하고
'오수'라는 이름으로 호흡을 이어왔다

유전자 속에 그 흔적도 남겼다
유네스코 식량기구의 목록 속
그 이름이 다시 살아났다
천년 전 시간이 기록되어 있다
우리는 천년의 기록, 지금 또 기록
그것을 믿는가
믿지 않는가

파장은 이어지고
입자는 서로 얽혀
과거와 지금, 이 시간은 한 지점에 모아진다
양자물리학 속에서
개는 여전히 그곳에 있지만

그의 호흡으로 우리는 가슴을 울리며 노크한다

중첩된 시간
살아있고, 죽어있고
진실과 허구는 한 지점에서
동시에 존재하며
그 개의 흔적은
우리의 세계 속에서 다시 살아있다

그러나
모두가 그리 믿는 것은 아니다
믿음은 선택된 가능성일 뿐
불확정성 속에
우리는
어디에 어떤 상상을 할 수 있기에

개가 살린 그 개인 어르신은
천 년을 넘어
지금 우리 곁에 살고 있다
우리가 믿고 싶다면

아니, 믿지 않더라도
그 호흡은 여전히
지금 이 순간에도 이어지고 있다

천 년의 얽힘 속에서
우리 역시 그 파장의 일부에 살아가고 있다

그리고
우리는 모두
그 속에서 호흡하며
과거와 현재를 잇는다

두 번은 울어야 한다

휘발되어 흩어진 언어들
괴발개발
허벌레
어쩌구리
개차반에 끼어 산다

광야를 질주하는 경주마는
살면서 꼭
두 번 만 눕는다
새끼 낳을 때
세상 떠날 때

시인도 울어야 한다
시를 낳을 때
시를 죽일 때

두 번은 꼭 울어야 한다

소통할 순 있는가

도금 작업장을 점검하는 날
눈높이를 맞추는 데 걸린 시간

오지 않길 바랐던
사업주와
계획을 실행해야 하는 기관,
임무를 수행해야 하는 점검팀
생각과 의식은 엇갈린다

노출된 리스크,
어떻게 소통해야 할까
공통의 과제지만
분명 조치가 필요한 상황
그런데도 귀찮은 눈치만이
시간 속을 교차한다

작업자의 건강과 보건
위험과 유해 노출을
최소화해야 한다는 위기감
그러나 휴머니티는 현실과 멀고

내적 갈등은 현실 앞에서
어쩌지 못한 채 머문다

유해한 흄은 허공에 떠돌고
목은 따갑고
눈은 아프며
눈시울과 마음속에서 아림이 번진다

'생명 제일, 안전 최우선'
구호만이 메아리칠 뿐이다

여기,
이 공간에서

까발림의 미학

가을 문턱에 다다랐다
가을은 익어가는 계절, 살아있는 생명체들은
그 속내를 드러내야만 하는 속성을 지닌다

석류는 붉은 알갱이를 내보이고
가을콩은 알집에서 튀어 탈출하며
벼는 그 무게를 견디며 감당한다

알밤은 가시 속에 숨었다가 마침내 드러내니
이 모든 것은 자연의 이치리라

'까발림'은 솔직함으로 문제를 드러내는 진정성이다

작업장의 안전 문제를 모두 알면서도 "괜찮아!"라며 대충 넘긴다.
안이함 속에 숨겨진 편리함은 결국 위험을 부른다
까발리기 전에는
그 위험이 잠재되어 있는지조차 알 수 없다
사고가 난 이후에야 "아하!" 하며 뒤늦게 후회한다

가을은 노출의 계절이다
좀 더 솔직해지렴

가을의 혈맥

그대와 나

석류의 붉어지는 혈맥 속에서
늘어진 가을날에
표피에 닿는 바람결마저 촉감을 세우는
까발림이다

투명한 진실을 일구는 규장각
계절의 외피를 벗겨내려 하니
안전이라는 허실과
자본주의 질감은
노출의 계절이라는 사실이
눈에 밟힌다

작용과 반작용의 법칙
- 파도와 쩐

거대한 돈의 흐름 속에서
파도처럼 밀려오는 유혹
귓전을 휘젓고
현실과 가상의 경계에서
파동을 일으킨다

밀물이여! 그대 한 마디
투자하면 그대 운명이 파고로 바뀔 터이니
착각은 썰물처럼
사라져버리는 순간

작용과 반작용은 힘의 얽힘
반복되는 연속이다

파도의 충돌 속에서 깨어진 나
한순간 꿈은 부풀어 오르고
또 다른 순간 그 꿈이 부서진 거품으로 돌아가
바닷속으로 사라져

내게서 쓸려간 재화는 떠난 곳도 모른 채

그 반작용은 빈 계좌로
텅 빈 공간으로 남는다

밀당 속에서 사기를 당하며
파도 속에서 부서져버렸고
신념과 의심은 끝없이 부딪치며
또 다른 해일을 기다린다

변화를 밀고 당기는 파도처럼 부서진 경험도
이렇게 끝없이 밀리고 당기며
삶의 또 다른 해변을 배회한다

청복 2

봄날

최대의 기쁨은
자연에
몸을 맡기고
마음을 던져

청복을

건
져

올
리
는

거
다

이른 봄날

친구들아

양지 볕 산자락 곰취나물 캐고
개울가 돌미나리 한 줌 뜯어다가
푸성귀 성귀 고추장에 썩썩 비벼 먹자

그래도 할 일 없거든
오수나 한 볼태기 내려두세

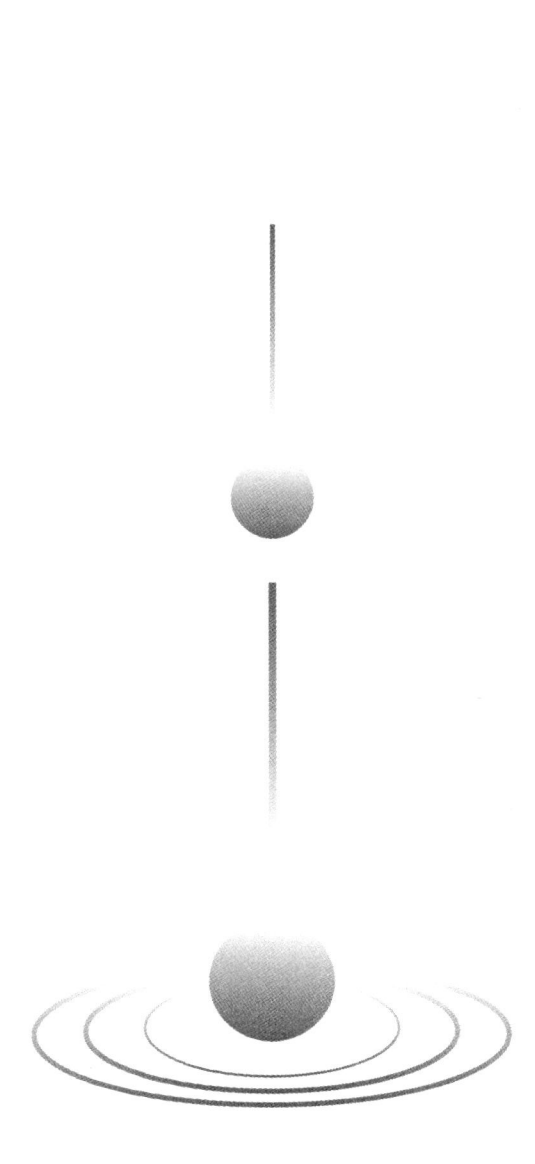

4부
낙장불입

생각의 원심력

언젠가는 기억하리라
그때도 지금과 같았으리라

먼 시간의 표면을 긁어내면
녹슨 이끼 속에서
연륜을 짐작해 보고

천지창조의 틈새를 추론하며
파괴와 생성, 그 중간 어디쯤에서
사유의 파편들을 주워 담는다

생각의 원심력은
중심부을 거부한 채
더 무한 공간 속으로 퍼져 나간다

바운더리도 방향도 없이
예리하게 흩어진 시간 속
기억과 상상이 뒤엉키는 그곳에서

다만, 묻는다
시간의 옛지란 무엇을 의미한가 그리고
시작은 태고 위의 태고 그때에 닿아있던 것은 아닌가

참깨를 털며

포설 된 햇살 위에
동행하던 그림자가 먼저 눕는다

마당에서 참깨를 털며
여름날 은혜에 감사한다

깻대는
건조해진 육체
여름 뙤약볕에 육수를 쏟으며
이미 휘발되어버린 채로
죽도록 매 맞을 일을 두려워한다

마지막 남은 목마름을 축이며
주인 손에 대차게 맞을 각오를 한다
미래를 생각한다

창고에 갇힐 것이고
거기에서 엄동설한 참아가며
기약 없는 봄볕을
마냥 상상할 것이다

탱자 가시

- 촘촘한 탱자 가시 울타리를 보셨어요
  거기 둥지를 틀고 사는 비비새 이야기-

내민 촉수는 세상을 향해
기세를 발하지만 애당초
거기에도 여린 칼의 시절이 있었지요

살아가면서 모질어지고
동심원을 그리며 목표점을 찾는 더듬이
뼈로 촉수를 세운 채 내면을 향한 시간들
앙칼부리는 여자마냥 기를 세운 거지요

매서운 세상 탄식의 음성
아무도 들어갈 수 없는 은밀한 처소 그곳
탱자나무 가시 그 사이
촘촘한 비수를 얼러
거기에 안식처로 살아가는 비비새

아, 오늘 같이 가파른 날이면
낸들 몸뚱이 맡길 곳 없어
비비새의 가시 둥지
거기에 오수 한 뜸 청하고 싶지 않겠는가

말짱하다

냉장고 모서리에
숨어서 살고 있는 야쿠르트
유산균 요쿠르트야

균이네 기대수명도
닷새나 지나버렸네
버리기는 아깝고
먹기에도 정말 꺼림칙한 일
식탁 위에 올려두고 촉을 살피니
'버려 버려 어서 버려'
그 성화에도 못내 꿈틀대는 아집
집착에 빠져버린 나는
갈등을 꿀꺽 마셨다
반응도 취한다

거봐 이상 없잖니
유통기한 어긴 세상살이
말짱하다
말짱하다
태극기 만만세 부르자 너도 나도
대-한-민-국 만만세

나팔 부는 능소화

1
나팔을 불어라
나팔을 불어라

능소화여
능소화여
하늘 높이 울려라
하늘 높이 울려라

주홍빛 절색에
미세먼지는 바이 바이

날려가거라
유월에 핀 능소화야
파워 높여
쩡쩡하게
나팔을 불어라

2
나팔을 불어라
나팔을 불어라

거리마다
능소화여
하늘 높이 울려라
하늘 높이 울려라

주홍빛 몸짓에
미세먼지는 바이 바이

사라지거라
도심에 핀 능소화야
파워 높여
쩡쩡하게
나팔을 불어라

낙장불입

고스톱을 스톱한 지 몇 해였던가
그 시절
참 즐겨 했던 나의 놀이

결정적 찬스에서
더욱 큰 리스크를 발견했지만
얼마만에 마주친 유혹의 찬스인가

고와 스톱 사이
고뇌의 순간 속에서
탐험적 의사결정은 리스크와 찬스를
선택할 텐데

낙장불입의 엄격한 룰은

태고의 요단강을 건너
빅데이터 인공지능의 울부짖음을
들어야 한다

비가 와야 폭포

비
가

와
야

폭포
Bigawaya fall

강원도 정선 땅
드디어
오늘 비가 왔습니다

나이야가라폭포와
떨어지는 것은 매한가지였습니다

초록세상 유월

전쟁 말미 유월 초삿날 새벽
이 세상 부름을 받고 달려왔습니다

그 후
해바라기마냥 무럭무럭 자라서
햇살을 그을리며
권태를 느끼던 유월 그 어느 날
날 원하는 나라의 부름을 받고 중부전선으로
달려갔던 것입니다

다음 해 망종은
채색된 초록의 윤기로
철책 넘나들며 달리고 있었습니다
나풀거리던 과분한 내 청춘이여

오늘도 삶의 계단에서
하이힐 찍히는 소리를 셈하면서
신도림역 환승 인파와
초록의 산하를 그려봅니다

초록에 물든 유월은
청복이 넘실거립니다

하늘거리는 천

마음을 빨았다네
방망이로 내리칠 때

검붉은 혈을 억수로 쏟아 흘렸네
아침에 시작한 빨래는
해질녘에 간신히 마칠 수 있었네
서쪽 끝에 걸쳐 두었다

건너편 세상에서 날아온 노을빛에
얇팍해진 천은 하늘거렸다
맞창에 뚫린 환청처럼 훤하였다

헐거워진 천
오릴 수 없는 기울 수도 없는 나의 천
꿰뚫어지게 바라보며
천 번은 더 흐르는
혈류를 쓸어 올려야 했었네
놀 빛 같은
붉은 마음 한 쪽 오리기 위하여

지금은 노크 중

개미와 베짱이 기억을 떠올리며
여름날 작열하는 뙤약볕 일터에서
땀에 흠뻑 적신 개미
그리고
플라타너스 나뭇가지에 걸터앉아
기타 치며 노래 부르던 베짱이
가을을 일구는 그들이 있었습니다

그해 가을은 익어 겨울에 닿을 무렵
개미와 베짱이는 다른 길을 달리다가
신림동에 사는 개미는
강남에 간 베짱이 찾아오길 기다렸습니다

-언제쯤 오려나- 하며

기다리는 개미는
여름날에 눌린 디스크를 앓고 허리를 설설거리며
차가운 골방에 머물고 있지만
약값마저도 감당하기 어려운 형편이었던지라

몰골도 야위고

찜질방 풍문에 의하면
베짱이 녀석 강남에서 잘나가는 음악가로 통하며
그를 기다리는 고액 과외가 줄을 잇고
갈고닦은 옥타브 실력에 호황을 누리고 있다는데
어르신 어느 길이 유효하나요?

-열심히 일하라-

그들의 말씀마다 곱씹어 보는 시간
지금 이 시간
정체성과 자아를 불러
노크 중이다

구절초 연가 2

가을날이 그리워
타오른 연정

구구대는 9월
그대 창을 열어보리

잎새마다
맺힌 자국
오르고 내리다가
젖줄로 흐르네

줄기 타던 몸부림
가지마다 서린 미소

구절구절
구절초
연분꽃을 피우리라

피로사회

새벽 전차가
철길 위를 구르며
함께 뛰자고
구로역 개찰문 틈새로 이끌어 당긴다

상체의 관성이 피로를 깨워
먼저 개찰을 한다

수동적 모멘트에 이끌린 육체
피로,
거기 잠시 머물거든
의식의 2스텝
반작용의 율동처럼
밀어내기 한 타

아침의 발원지에
긴장의 꼬투리 숨죽이던
내 목구멍 축인다
발산된 포말 가루는
새벽별로 뜬다

낙타 여로

열사의 회오리 홰를 친다
힉힉 헉헉…

낙타는
발바닥 들다 놓기를 수만 번

가도 가도 끝이 없는 길
고행이랄까
숙명이랄까
따질 것도 없다

해운대 언덕 위엔
자본주의 파도가
허물을 벗기고
상처만 남겨둔 채

질 나쁜 어느 여자에 대한 함성이
사막의 먼지와 광란의 포도로 휘발되고
포말 된 기억으로 버무려
불통
불통
타인의 길

퇴로 없는 좌표 속에서
길 잃은 함성은 절규하고 있다

오늘
이 땅 여기는
낙타 여로입니다

야명조

1
히말라야 설산에 메아리친 단조 한 가락
야명조야
야명조야
발톱 시린 야명조야

시린 천국
내려 두겠니

그리하오
그리하오
그리하오리다
내일은 반드시 내 집을 지을게요

부르다가
또
부르짖는 야명조 절규의 아라리

2
메타노니아를
또다시 부르짖어요

아직도 못다 지은
야명조의 빙고 한 음절

그리하오
그리하오
그리하오리다
내일은 반드시 내 집을 지을게요

부르다가
또
부르짖는 야명조 절규의 아라리

이 또한 지나가리라

장애물이 철조망처럼
엉켜 사는 세상살이

앞이 막히고
벽이 가로막고
사람들끼리 부딪혀
마음 상하며
몸도
마음도 지치니

에라
어차피
어 참
젠장맞을

무슨 생각인들
못하랴
모든 이벤트
이 또한 지나가리라

한 박자 빠르게 또 한 박자 느리게

왜
나를 시험하는가

왜
나는 응답하는가

때로는 빠르고
어느 땐 또 느리게

오늘도
긴가민가하여
주체할 줄 모르는 벼랑 끝에서

나 홀로 서있네
그냥

한 박자 빨리
또
한 박자 느리게

굽은 못

세상살이 굽은 못 천지
내 가슴속에도 굽은 못 박혔네
장도리로 빼야 할 터인데
엄두도 못 내겠네

옳은 못 박으려다 휘어버린 못
버릴 수도, 다시 펴서 바로 두드려야 할까
아까움에 두려움에
안타까워하면서

굽은 못 다시 박으려거든
곧은 마음 두드려야 하네
손 만 다칠세라

굽은 것엔 반드시 내면까지 굽어있기에
세상 만물 모두 그러하거늘
굽은 못은 더 이상도 그 이하도 아닌
굽은 것일 뿐

나
오늘도 외길에서 망설이네
굽어있는 것에 대하여

엘리베이터

그대 가슴에 엄지 지문 흔적을 찍으면
빨간 미소가 피어
젖혀진 스커트 속으로 들어간다

종소리는 울리고
커튼이 서서히 드리워지면
스커트 자락은 수직의 공간에 흘러내리고
어린 왕자처럼
좋은 일만 있을 것 같은 상상의 나래 속에
표피에 와닿는 여인의 감촉은 더욱 짜릿한 일
폐부 깊이 빨려 든 향수 내음은
율동을 시작한다

나의 작은 가슴은
호출기의 떨림처럼
회오리치고
엘리베이터 속에서
하루가
피어오른다

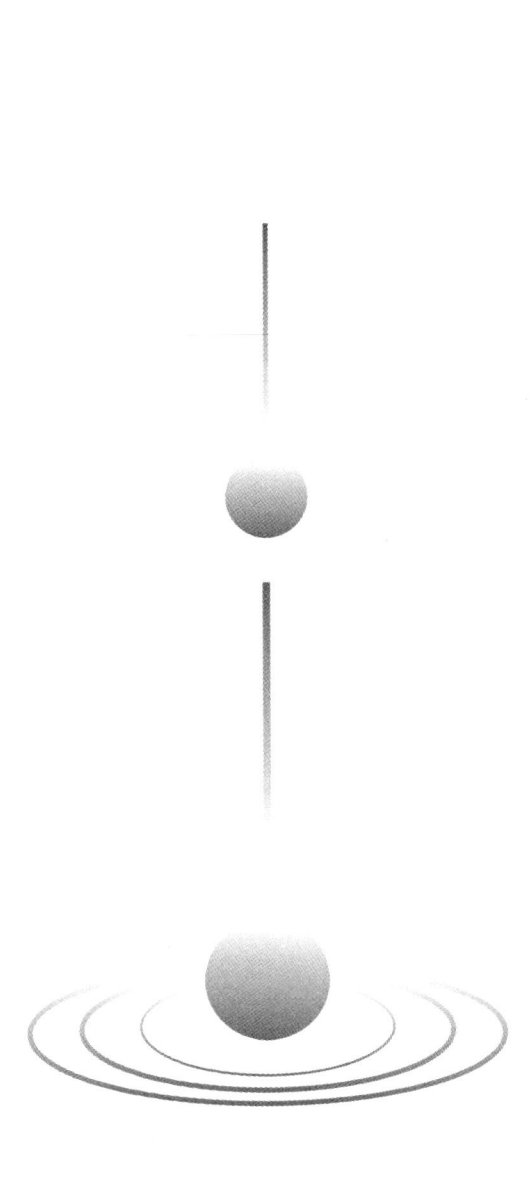

5부
자본주의 패러독스

필립芝岺
- 85세에 이를 때까지

여지껏 살아온 행적은 연습이었을지라

이제부터라도
뱃심을 등에 닿기까지 당기며
어깨선은 수평 잡으라

턱을 당기고
눈매를 흩트리지 말며

자기만의 리듬으로 루틴 하라
벤허가 계단을 오르던 자태마냥

또
정진하라

거기에 이르매
芝岺이리라

두더지 게임

세상사 빠른 재촉에
3초 안에
떨꺽질을 마쳤습니다

다시
3초 임팩트다
머뭇거리다가는
그르치거나
놓쳐버리기 일쑤

밟히는 곳마다
잠재된 리스크가
두더지 게임처럼
불쑥불쑥
주둥이를 밀쳐 올린다

여지껏
임팩트impact 망치로 촘촘한 타이밍
헛방 치기 일쑤다

그게 3초 메타버스
임팩트 놀이

자본주의 패러독스

먼 옛날 아주 가까운 옛날
자본주의 배반을 절규하던 시인이 있었다

산촌 세물골로 되돌아가리라
그게
청복
쳇
청복이어라
부르짖다가 젊은 음성을 듣다가

일하고 싶어도
일자리가 없다고

결혼하고 싶은데
집이 없다고
쩐이 없다고
여자 남자가 없다고…

가봐야
뻔한 질문 멀쩡한 답변인
33번째 면접장에서

그 그 그 독설을 내질러버렸더니
통쾌 상쾌 불쾌
배설
세상에나
허벌나게 기분 좋게 나왔더래요

그래도
엔트로피는 가속되고

타워크레인 위에서

창공을 꿰뚫고
꼭짓점에 닿았을 때
희열의 몸부림

내려오는 길을 잃어
아무런 해법도 없다

밤 밤
어둠이 침전된다
모두들
떠나버렸다
지나가버렸다

고공에
홀로 서있다는 것

C19

악마의 발톱이
그대 심지를 긁어대던
그해 봄날
콘서트홀 C열 19번에서
조명 빛마저 접히게 하던 소망의 줄기
막연한 불안과 소외를 이끌어 나침판 위에 앉힌다

지느러미 잘린 우리들
좌표 위에
C19의 위협은 군사정부의 눈동자보다도 무서웠지

북미 대륙에는 45도 위의 열기와
밤새 주저앉아버린 아파트의 비극도
큰바람 몰려오고 우박은 머리를 친다

괴변의 굉음소리
7월이다
이젠, 그러지 말았으면 좋겠어
2021여름
사소한 바람이지

홍해 길

21원단이다
옳다
그거로다

이것저것
탓 말고
앞만 보고 곧 세워 가는 거라

개울도
언덕배기도
걱정 마시고 그냥 거기로 가시게나
그게 맞을 거니

Simple 단순한 게 최선이다
옳다고 믿고 가라
impact
다 이루어진다
강건하면서 그곳 찾아서 그냥 가거라

낙타 여로처럼

화사의 춤

비바람에 세수하며
느슨한 오후 오수를 즐기려니

비비적거리는 비비새를
햇살이 다가와 마디마디 주무르면서

때론
행복도 권태에 이른다고
귓속말로 속삭여주네

화사가 춤추듯
몸짓을 비틀어대는
유월 초하

만만세세 고군산 열도여

널브러진 섬 조각들
이들끼리 이어 이어서
눈길을 끌어당기는 열도

촘촘한 시간을 쪼개서
틈새에 얹히니
또한 설렘도 피어오르네

어느 생태의 세상에서 어느 역사가
할퀴었을지라도
태고부터 견디어낸 흔적까지도
탄성을 부르짖는 배설하며
느슨한 가을 끝자락에서
흠뻑 섬, 그들 열도에 젖노라

열도 섬들아
오늘은
너희와 호흡을 버무리려니

만만 세세에 이르기를
오 호
고군산열도여

가을 바라기

노을 바라보기
들녘 안아보기
그리고
썰물 썰어내기

너와 나 그 사이에
갯벌 흔적 나르기

삶의 그림자
그냥
내려두기

또
나의 외길
가을 바라기

울 엄니

며칠 사이로
차가워지는 기온에
움츠러든 세상 놀이

홀로 핀
가을 들국화 한 송이
더욱
아린 마음 엣지에 닿으니

먼- 길
따라서

울
엄니 생각

나 job아라

하다
하다가
못다 하거든

그 일
그냥
내려두고 좀 쉬겠네

그래도
힘줄 당기는 그곳 이르기까지
힘주어 닿아보리라

널 사랑한다
오늘아
그리고 소중한 내 job아

굿데이 맞죠

굿데이
맞습니다

무더위
멀리 떠나보낸 일
시원합니다

폐부
또한 한결 가볍습니다

구월
그가 내 창문을 성큼 노크합니다

흠뻑 젖고 싶다

나를 억누르는 것들
하지 말라고 말리는 것들
생각하면 속상한 일들

떨쳐버리려 하면
'거시기 거시기' 하며
머뭇거리게 하는 것들

여기에 이르니
털고 싶다
쉬고 싶다

저들 꽃잎처럼
흠뻑
빗줄기에 젖고 싶다

삶의 모퉁이에서

때로는
샹뜨페테르부르크에서
백야가 안겨주었던 그 유월을 회상한다

거기서
푸쉬킨은 날더러 삶의 지혜를 일러주었지
– 삶이 그대를 속이더라도
  슬퍼하거나 노하지 말라 –

그래서
답을 주었지

때론
섭섭하더라도
모퉁잇돌처럼
그대를 사랑하겠노라고

내 심지
또한
그대처럼 그리하겠노라

채석강 그 외마디

파도여
바람결이여
오늘 하루 여기
풍화를 멈추어다오

깎이고 깎인 채
상처뿐인 그대에게
파도 파편에 할퀴다가
풍상을 체험하는 그대를 위하여

코로나19 리스크에 아물지 못한 채
우리네 흔적까지도
버티면서
참고 견디어낸
혈흔의 자국들

그 영겁의 그림자를
어루만지다가
건너갈 수 없는 강 여기에서
채석
채석강 그 외마디

천년의 여백

꼭꼭 묶인 달력 속에서
단 이틀 만을 꺼내어
천년의 시공을 부벼본다

과연
공통분모에 모으고 모아볼까

시곗바늘의 틈새 사이에서
쪼아대는 순간 그 순간들

나를 찾아 나서고
생각의 오류를 곧추세우려
여백 위에 그려보려 하는데

아

그러하기에는
누워버린 시간들이
천년의 여백일 뿐이다

쉼표, 거기에 멈춘 하루

– 무거운 짐 진 자들아 다 내게로 오라
  내가 너를 쉬게 하리라 –

여기
'몬세라톱산'에서
스치는 바람결과 톱날에 잘리고
생명을 지키는 큰 바위 얼굴
순간 그 순간의 탈출로 남아 그냥 서있네

잡동사니 그런 것들은
온데간데없이 떠나고
모조리
샤워 물줄기처럼 씻겨버렸네

쉼터를 찾아 나선
그대 안구에는

쪽빛 창공만
너무도 푸르러서
훨훨
퍼덕거리는 날갯짓뿐이어라

로드맵 윗길

새벽 기도에 간 듯
아직도 그는 돌아 오질 않는다
로버트 프로스트의
'가지 않는 길' 위를 서성거린다

어느 길이 진정 내 길일까
결정의 모서리에 서서
머뭇거리다가
망설이다가
접다가 펴다가 다시
되감을 수 없는 그 길 위에서

최선의 선택 그 언어
어제도 그 어제도 그랬었지
달래고 어르다가
지하에서 또 지하로
잡힐 듯한 퇴로의 별빛 한 줄기

장맛비에 할퀸 자국
구름조각들
그 윗길 어디론가 떠내려가고 있다

폭설

밤새우고 나니
글쎄
폭설이
걱정 한 짐 내려두었습니다

마당 몽땅 쓸어내리려면
한나절은
족히 고단하겠지요

그래도
하얀 속살 드러내 보이니
얄밉진 않습니다

땡처리

잡동사니
몽땅
내다 버리기
이게 땡처리다

머리통 속에
웅크리고 집착하는 찌꺼기

심장 속에
흐르기 싫어 반항하는 응고물
이처럼
오만 가지 불확실성

자기 객관화에 미숙한 땡땡땡
땡처리
긴 생각 짧은 하루

물 만났다

물꼬 돌려서
차박차박 물잡은 논바닥에
생명줄기를 보듬어 수직으로 세운다

아직은
연약하기 그지없기에
추임새도 힘들겠지만
좀 두고 보게나
- 유월이 오면
  벌판은 아마 물 만났을 거라 -

퍼붓는 북정 물 몇 번
뒤집어쓰고 나면
폭발 성장할 거라고

초록마을마다 굳은 약속
촘촘히 기별해 주시게나

늘어진 오후 햇살 베고서
오수나 한 뜸
청해 보려 하네

중력가속도 g

1판1쇄 : 2024년 10월 15일
발행일 : 2024년 10월 25일
지은이 : 오병섭
펴낸이 : 김정현
펴낸곳 : gaon

주 소 : 경기도 문학창의도시 부천 길주로 460, 1106호
전 화 : 032-342-7164
팩 스 : 032-344-7164
E-mail : 906kjh@naver.com / kjsh2007@hanmail.net

출판등록 : 2011. 7. 14
ISBN : 979-11-90673-79-2(03810)
값·12,000원

무단전재와 복제를 금합니다.
도서출판 가온은 농인聾人과 함께합니다.
잘못된 책은 본사나 서점에서 교환해드립니다.